L'A

de la forêt

D'après Jack London

Illustrations : Lisa Guisquier

Direction de la publication

Carine Girac-Marinier

Édition

Nadine Martrès

Direction artistique

Uli Meindl

Conception graphique

Sophie Rivoire

Mise en pages

Tiphaine Desmoulière

Lecture–correction

Laurent Girerd

Fabrication

Axelle Hosten

ISBN : 978-2-03-602648-3

Loi n° 49-956 du 16 juillet 1949 sur les publications destinées à la jeunesse, modifiée par la loi n°2011-525 du 17 mai 2011.

Sommaire

*Les mots en orange dans l'histoire sont expliqués dans la partie **Lexique**.

Les personnages de l'histoire

Buck

est un très grand chien,
moitié saint-bernard et
moitié colley écossais.
Il est doux, intelligent et fort.

L'homme au pull rouge

achète des chiens.
Il est cruel avec eux.

Perrault

distribue le courrier pour
les chercheurs d'or du Yukon,
au Canada. Des chiens tirent
son traîneau.

Charles et Mercedes

forment un jeune couple.
Charles est arrogant mais
Mercedes est une femme sensible.

Les personnages de l'histoire

John Thornton

est un chercheur d'or.
Il aime Buck et prend soin de lui.

Spitz

est un grand chien noir.
Il est le chef des chiens de traîneau et n'aime pas Buck.

Pour t'aider à bien comprendre le début de l'histoire...

COUP DE POUCE

Nous sommes aux États-Unis à la fin du XIXe siècle. Buck, un très beau chien issu d'un croisement entre un saint-bernard et un colley écossais, mène une vie paisible et heureuse chez un juge en Californie. Un jour, il est enlevé par l'aide jardinier et vendu à un trafiquant de chiens. Sa vie change alors complètement...

Buck est un chien magnifique. Il a 4 ans à peine, mais il est très fort et pèse déjà 65 kilos. Sa fourrure est longue et luisante. Il mène une vie heureuse et tranquille en Californie dans une gentille famille.

Un jour, l'aide jardinier de la famille **dérobe** Buck pour le vendre à un trafiquant de chiens de traîneau. Cet homme méchant et violent porte toujours sur lui un fouet et une **matraque**.

Buck quitte malgré lui la Californie.

Durant deux longues journées, Buck voyage dans un train enfermé dans une cage. Le train se dirige vers la ville de Seattle au nord du pays. Buck a horriblement faim et soif.

Il est même tellement en colère contre l'homme au pull rouge qu'il le mord une fois sorti de sa cage !

Grâce au commerce de chiens, cet homme gagne beaucoup d’argent.
Pour faire obéir Buck, il n’hésite pas à le frapper avec sa **matraque**.

Buck, effrayé n'a pas d'autre choix que d'obéir : c’est la loi du plus fort !
Comment Buck pourrait-il se défendre contre la **matraque** de cet homme violent ?

Un jour, un homme du nom de Perrault achète Buck.

Buck, qui ne sait rien de son nouveau maître, le suit paisiblement car l'important est de fuir loin de cet horrible endroit et de l'homme au pull rouge.

Ce chien est **remarquable** !

Allez mon ami, assis !
YUKON

Buck quitte Seattle à bord d'un navire en compagnie d'autres chiens qui appartiennent aussi à Perrault.

Sur le pont, Perrault essaie de **dresser** Buck.

Le bateau se rend au Canada. Pendant la traversée, Buck tremble de froid ! Il fait - 50 °C !

À l'arrivée, Perrault aide ses chiens à descendre du bateau.

C'est à cette occasion que Buck voit la neige pour la première fois. Il est surpris par les flocons qui tombent du ciel, mais il est **frigorifié**. Ses pattes et sa langue sont tétanisées et le font souffrir.

C'est de la neige,
mon chien !
C'est froid, n'est-ce pas ?
Regarde ce chien,
comme il est
drôle !
Hi ! Hi ! Hi !
Ouaf !
Ouaf !

Buck découvre bientôt sa nouvelle vie. Son maître, employé par le **gouvernement**, a pour mission de distribuer le courrier aux chercheurs d'or qui travaillent dans la région du Yukon. Les chiens, eux, tirent le traîneau chargé de lettres.

Les chiens semblent heureux de courir dans la neige ! Buck **s'efforce** de suivre leur rythme. Bien sûr, au début c'est difficile, mais il apprend vite !
Spitz, le grand chien noir, est le chef de la **meute** ; il n'est pas très amical avec ses **congénères**.

Le soir, Perrault et ses compagnons installent un campement. Ils allument un feu pour se réchauffer et faire cuire leur nourriture. Les chiens, affamés, essaient de leur voler de la viande ou se battent entre eux pour avoir de quoi manger.

Assis près du feu, Buck a parfois des **visions** : il aperçoit alors ses lointains **ancêtres** les loups, libres dans la nature.

Buck hurle parfois
comme un loup.
Peu à peu,
ses **instincts**
se réveillent.

La nuit, Buck pense pouvoir dormir sous une tente, mais les hommes ne le laissent pas entrer.

Apercevant un chien endormi dans la neige, Buck l'imite pour survivre dans cet environnement **hostile** et creuse un trou pour se protéger du froid et s'endormir.

Un jour, Spitz le grand chien noir et Buck se battent. Buck gagne le combat et prend la place de Spitz grâce à sa force et à son intelligence.

Buck est fier d'être devenu
le chef de la **meute** !

La route vers le Yukon est très longue. Quand Perrault et ses compagnons arrivent enfin à Dawson City, les chiens sont tous **exténués**.

Afin de distribuer le courrier sans tarder, Perrault achète de nouveaux chiens pour remplacer les plus fatigués.

Il vend Buck à Charles, un homme de petite taille, et à sa femme, Mercedes.

En les voyant passer dans la rue, tout le monde se moque de ce couple au traîneau dont la **charge** est bien trop lourde.

« Le traîneau ne bouge pas, les chiens ne peuvent pas le tirer ! »

Charles crie sur les chiens tandis que Mercedes, toujours **bienveillante**, caresse la tête de Buck pour l'encourager.

Pour alléger la **charge**, Mercedes finit par accepter à regret de se débarrasser de la plupart de ses vêtements.

Le traîneau avance enfin.

Buck et la **meute** de chiens sont vite épuisés car le traîneau reste lourd et difficile à tirer. Charles fait souvent claquer son fouet.

Mauviettes !
Brutes paresseuses !

Charles est en colère contre Mercedes, qui prend toujours la défense des chiens.

La glace fond et les chiens commencent à avoir peur car le trajet devient dangereux.

Arrivé dans la ville suivante, Buck s'écroule et n’arrive plus à se relever : il est à bout de forces.

De nouveau, Charles le traite de façon brutale et le frappe avec son fouet.

Un homme l'aperçoit. Il s'appelle John Thornton. Il est si grand ! Charles a peur de lui.

C'est ainsi que John Thornton rencontre Buck et le sauve des griffes de Charles. Pour le remercier, Buck lui lèche la main.

John Thornton prend soin de Buck.

Ils se ressemblent, tous les deux. Ils sont grands, intelligents et doux.

Buck adore son nouveau maître, il le suit partout et il aime jouer avec lui.

Allez, n'aie pas peur. Tu es en sécurité avec moi !

John Thornton est chercheur d'or.

Un jour, John tombe de son canoë. Les **rapides** l'entraînent dangereusement vers une chute d'eau.

Ni une ni deux, Buck saute dans la rivière pour sauver son maître.

Oh mon Dieu, il ne survivra pas !
Allez Buck, allez !

Le courant est si fort que Buck doit lutter de toutes ses forces pour rattrapper John Thornton et le ramener sur la rive.

Son maître est sain et sauf, Buck est très fier !

Doucement,
mon chien !

Quelque temps plus tard, dans un **saloon**, John Thornton discute avec des mineurs.

Tous les chercheurs d'or sortent et préparent un traîneau très lourd pour tester la force de Buck. Au début, Buck a beaucoup de mal à le tirer mais, comme il veut faire plaisir à son maître, il finit par y arriver !
John Thornton félicite Buck, les larmes aux yeux.

Hourra ! De l'or !

Dans le Grand Nord canadien, John Thornton et ses compagnons établissent un campement dans les montagnes, près d'une rivière. Parfois, aidés par la chance, ils trouvent de l'or.

Buck **raffole** de son nouvel environnement ! Un jour, en se promenant dans la forêt, il fait la rencontre d'une louve blanche.

Peu à peu, ils se retrouvent tous les jours, jouent ensemble et finissent par devenir amis.

Un soir, après avoir passé la journée avec son amie la louve, Buck rentre au campement, mais, à sa grande surprise, n'y trouve plus personne !

Tous les mineurs sont partis. Décidément, les humains ne restent jamais longtemps au même endroit.

Buck aurait aimé pouvoir dire au revoir à son maître.

Buck vit à présent à l'écart des hommes.

Les loups lui apprennent à chasser pour se nourrir et Buck n'a qu'à suivre son **instinct** pour y parvenir.

Il se montre d'ailleurs si **habile** et si puissant qu'il devient vite leur chef.

Bientôt, il fonde une famille avec la louve blanche, et, la nuit venue, tous les deux hurlent ensemble au clair de lune.

Buck est enfin chez lui, libre et heureux !

Lexique

A

ancêtre
membre de la famille qui a vécu avant les grands-parents.

B

bienveillant
gentil, doux.

C

charge
poids porté ou transporté par un animal.

congénère
animal qui est de la même espèce qu'un autre.

D

dérober
voler.

dresser
habituer un animal à obéir.

E

efforcer (s')
essayer de toutes ses forces.

exténué
très fatigué, épuisé.

F

frigorifié (être)
avoir très froid.

G

gouvernement
administration qui détient le pouvoir du pays.

Lexique

H

habile
compétent, rusé.

hostile
rude.

I

instinct
tendance naturelle qui pousse les animaux à avoir tel comportement.

M

matraque
instrument en caoutchouc qui sert à assommer.

mauviette
sans courage, lâche.

meute
ensemble de chiens.

R

raffoler
adorer.

rapides (les)
eau qui coule à grande vitesse.

remarquable
extraordinaire.

S

saloon
bar du Far West américain.

V

visions (avoir des)
se représenter des images dans sa tête.

Questions de compréhension

As-tu bien compris l'histoire de L'Appel de la forêt ?

[réponses page 48]

1. Au début de l'histoire, où vit Buck ?

   a. dans la rue

   b. chez une famille

   c. dans un cirque

2. Avec quel instrument l'homme au pull rouge frappe-t-il Buck ?

   a. un gourdin

   b. une massue

   c. une matraque

Questions de compréhension

3. Quel personnage emmène Buck au Canada ?

   a. Perrault

   b. Charles

   c. John Thornton

4. Quelle est la mission de Perrault ?

   a. élever des chiens

   b. distribuer le courrier

   c. transporter du bois

Questions de compréhension

5. Qui sont les ancêtres de Buck ?

a. les loups

b. les chiens sauvages

c. les renards

6. De quoi Mercedes se débarrasse-t-elle pour que le traîneau soit moins lourd ?

a. de bijoux

b. d'ustensiles de cuisine

c. de vêtements

Questions de compréhension

7. Que cherchent John Thornton et ses compagnons dans la rivière ?

a. des diamants
b. de l'or
c. de l'argent

8. Comment Buck retrouve-t-il sa liberté ?

a. il s'échappe du camp
b. les loups le délivrent en attaquant les hommes
c. son maître l'abandonne

Réponses

1 : b.

2 : c.

3 : a.

4 : b.

5 : a.

6 : c.

7 : b.

8 : c.

Crédits illustrations

Achevé d'imprimer par Rotolito Romania S.A. en Roumanie
Dépôt légal : avril 2022 – 330631/02
N° de projet : 11056185 – mai 2024

PAPIER À BASE DE FIBRES CERTIFIÉES

LAROUSSE s'engage pour l'environnement en réduisant l'empreinte carbone de ses livres. Celle de cet exemplaire est de :
400 g éq. CO_2
Rendez-vous sur www.larousse-durable.fr